AF240394

DE LA RESPONSABILITÉ

DES ACCIDENTS

DE FABRIQUE

PAR

M. VAVASSEUR

AVOCAT A LA COUR D'APPEL DE PARIS

Adjoint au Maire du deuxième arrondissement

PARIS

MARCHAL-BILLARD ET Cᵢᵉ

IMPRIMEURS-ÉDITEURS

17, place Dauphine, 17

1881

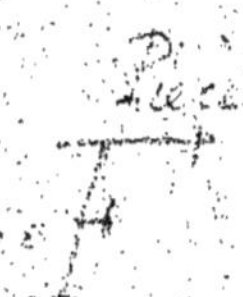

DISCOURS sur la responsabilité des accidents de fabrique, prononcé par M. Vavasseur, avocat à la Cour d'appel de Paris, dans la séance du 7 avril 1881 de la Société de protection des apprentis.

I

MESSIEURS,

Je tiens tout d'abord à vous remercier de l'honneur que vous m'avez fait en m'invitant à prendre part à cette discussion. En faisant appel à toutes les bonnes volontés, même du dehors, vous avez prouvé une fois de plus votre sollicitude pour vos jeunes pupilles, aujourd'hui apprentis, mais demain ouvriers, et qui déjà d'ailleurs sont exposés à tous les dangers du travail industriel.

Je sens, j'ai senti dès le premier jour toute la difficulté de ma tâche et je l'ai acceptée résolument. J'ai compris que j'aurais à lutter contre des idées reçues, contre le préjugé juridique, tenace entre tous; et que, moi jurisconsulte, j'allais susciter contre moi toute l'armée des jurisconsultes, se levant pour la défense du Code qu'ils croient menacé.

Ici, je le sais, la discussion sera courtoise et sérieuse; mais au dehors, que de critiques ardentes, amères, envenimées quelquefois! Ce n'est pas seulement d'ignorance présomptueuse, de sentimentalité vague, que nous avons été taxés, mon honorable ami M. Martin Nadaud et moi; on est allé jusqu'à nous accuser, et je pourrais vous montrer les petites feuilles où cela est imprimé, de faire de mauvais socialisme, de rechercher une popularité électorale!

A ceux-là, et à ceux-là seulement, je réponds d'un mot : il y a toujours eu en ce monde des docteurs Pangloss, très satisfaits d'eux-mêmes et de ce qui les entoure, se complaisant dans l'immobilité, idéal suprême de leur société, et trouvant mauvais que d'autres marchent à côté d'eux. Laissons ces traînards du progrès, et dédaignons leurs injures.

Croyez-le, Messieurs, c'est une véritable et grande question que vous avez mise à l'étude, une question sociale, puisqu'elle touche à l'un des plus graves problèmes qui soient nés de la Révolution française, aux relations du capital et du travail.

C'est une grande question, car elle est à l'ordre du jour chez tous les peuples nos voisins, et nos rivaux en civilisation. Il y aurait à faire à cet égard une bien curieuse étude de législation comparée, où l'on verrait apparaître les divers peuples procédant chacun selon sa manière propre, avec ses sentiments traditionnels, avec le génie de la race.

II

Passons-les rapidement en revue. En Allemagne, un projet de loi a été soumis par M. de Bismark au *Conseil économique*, institué tout exprès pour appliquer ses idées, et combattre, à l'aide d'un socialisme d'État, le socialisme révolutionnaire. Mais l'Allemagne est un pays d'autocratie, déguisée sous des formes parlementaires, et le chancelier de fer sait allier la ruse à la force. En décrétant l'assurance obligatoire, il a cru séduire les ouvriers et s'est attiré de l'un d'eux, membre nommé par lui-même de son conseil économique, cette rude réponse : que ce projet de loi n'était qu'une hypocrisie, s'inspirant d'un semblant de charité chrétienne, et en réalité moins onéreux pour les patrons que la loi actuelle, puisqu'il n'accorde aux ouvriers blessés qu'une rente viagère, n'atteignant, selon les cas, que le quart ou la moitié du salaire, les deux tiers si l'incapacité de travail est absolue; il n'y a jamais de capital, et la famille est à peu près sacrifiée. Ajoutons que le projet n'est pas applicable à la généralité des ouvriers; des catégories entières, par exemple, les ouvriers employés à la navigation et aux chemins de fer, en sont exceptées; pourquoi? on ne saurait le dire. D'ailleurs, il ne concerne que les petits salariés, divisés en deux classes : ceux qui gagnent moins de 750 marks (937 fr. 50 c.) et dont l'assurance doit être payée, 2/3 par le patron, 1/3 par la caisse d'assistance publique ; puis ceux qui gagnent de 750 à 2,000 marks (2,500), dont l'assurance est payée, 1/2 par le patron, 1/2 par l'ouvrier.

En Autriche, où les mœurs sont plus douces et la législation plus humaine, il y a aussi un projet de loi qui édicte d'abord des mesures de prévoyance destinées « à protéger la vie et la santé des ouvriers ».

Les machines, roues, transmissions, arbres de couche, etc., doivent être pourvus d'enveloppes, « de sorte que l'ouvrier travaillant avec prudence ne puisse être blessé facilement ». Parmi les *obligations* du chef d'industrie, il y a celle de veiller à ce que « les ateliers soient éclairés, propres, exempts de poussière, l'air renouvelé, les vapeurs nuisibles écartées, etc. » Dispositions minutieuses, mais vraiment touchantes, et qui font honneur aux gouvernants autrichiens. L'indemnité, en cas d'accident, n'est pas réduite arbitrairement ; elle est équivalente au préjudice, et si la preuve est laissée à la charge du demandeur, c'est avec ce correctif que l'affaire, soumise d'abord à un juge arbitral, est, à défaut de transaction, jugée sommairement, en équité plus qu'en droit, le tribunal « n'étant pas astreint à l'observation des *règles légales en matière de preuve*, et devant suivre sa libre conviction formée par l'examen consciencieux des moyens de preuve produits ». De là à notre projet de réforme, il n'y a pas bien loin.

En Angleterre, la loi a longtemps refusé toute action aux ouvriers victimes d'accidents et à leurs familles. Ce n'est que par des *acts* récents du Parlement — le dernier est du 10 août 1880 — que l'on s'est décidé à réglementer la responsabilité du patron ; mais la réglementation est minutieuse, parcimonieuse, accordant volontiers la protection hautaine d'une aristocratie mercantile, qui sait compter et ne paie que le moins possible. Oui, l'ouvrier mutilé aura droit à une indemnité, mais s'il se trouve exactement dans l'un des cas légaux ; il recevra au plus la valeur de trois années de salaire, et il sera déchu s'il n'a déclaré l'accident dans les six semaines, ou intenté l'action dans les six mois.

La loi votée à Genève le 26 juin 1878, ayant une plus haute idée des citoyens d'un pays libre, se montre plus juste envers l'homme, et non seulement elle mesure l'indemnité au préjudice, mais elle établit en principe la responsabilité de l'entrepreneur, s'il ne prouve que l'accident est dû à l'imprudence de la victime ou à la force majeure.

III

En France aussi, nous avons eu une tentative de ce que j'ai appelé le socialisme d'État.

Une loi du 11 juillet 1868, cette date est significative, a décrété l'établissement d'une caisse d'assurances contre les accidents. Sauf l'obligation, les procédés sont analogues à ceux du chancelier allemand; il doit y avoir une subvention de l'État pour fournir une première mise d'un million, puis des cotisations volontaires fixées au taux dérisoire de 3 ou 5 ou 8 francs par an, devant donner droit néanmoins à des pensions viagères au minimum de 150 ou 200 francs, reversibles pendant deux ans au profit de la veuve et des enfants mineurs. Cette assurance n'est applicable évidemment qu'aux petits risques, à ceux qui sont refusés par les compagnies, ainsi du reste que le rapporteur de la loi devant le corps législatif en a fait explicitement l'aveu.

Cette loi n'a pas vécu et, selon toute probabilité, ne recevra pas d'exécution.

En l'état actuel de notre législation, l'ouvrier victime d'un accident n'a donc, lui ou sa famille, d'autre voie de recours qu'une demande judiciaire en indemnité, basée sur les articles 1382 et 1383 du Code civil (1).

Et cela, dit-on, doit suffire, même aux plus exigeants. La loi n'accorde-t-elle pas la réparation de tout le préjudice causé, en laissant aux tribunaux le pouvoir absolu d'en fixer le chiffre ? Les réformateurs prétendraient-ils accorder une réparation, sans qu'il y ait faute, et faute prouvée ? Et les jurisconsultes de protester énergique ment contre l'idée d'une telle iniquité : les articles visés ont consacré un principe éternel, universel, vrai dans tous les temps, dans tous les lieux ; ils contiennent la sanction humaine de toutes les fautes commises par l'homme, sanction dérivant du libre arbitre, qui implique responsabilité. Ériger en dogme l'irresponsabilité des ouvriers, ce n'est pas les traiter en hommes libres, mais les considérer comme des êtres inconscients, privés de la notion du bien ou du mal, incapables de se déterminer par eux-mêmes, subissant le joug d'une volonté étrangère, ou d'une inéluctable fatalité. Et c'est de ces hommes avilis, abaissés au rang d'esclaves, que l'on veut constituer une caste nouvelle, privilégiée, l'aristocratie ouvrière !

Mais, en vérité, ces protestations viennent d'une singulière méprise ; on oublie qu'il y a dans les articles invoqués deux choses : le principe et son application, c'est-à-dire le fond et la forme. Le principe de la responsabilité humaine, qui donc prétend l'attaquer ? qui songe

---

(1) Art. 1382. Tout fait quelconque de l'homme, qui cause à autrui un dommage, oblige celui par la faute duquel il est arrivé à le réparer.

Art. 1383. Chacun est responsable du dommage qu'il a causé, non seulement par son fait, mais encore par sa négligence ou par son imprudence.

à accorder à l'ouvrier coupable un droit à réparation contre le patron innocent? Non ; la réparation ne saurait être que la conséquence de la faute. Tel est le principe, que vous dites avec raison respectable, et que nous respectons, mais comment l'appliquer et qui prouvera la faute? Voilà l'autre face du problème, et c'est sur ce point seulement que doit porter la réforme.

Sans doute, vous citez le vieil adage : *Onus probandi incumbit actori.* L'ouvrier blessé est demandeur en indemnité ; donc, à lui de prouver la faute, par action ou omission, par imprudence ou négligence, commise par le chef d'industrie ou ses préposés.

Soit ! cet adage, aujourd'hui encore, constitue la règle ; mais à toute règle n'y a-t-il pas des exceptions possibles, légitimes ? Et à celle-ci, le Code civil lui-même n'a-t-il pas dérogé, en érigeant un certain nombre de présomptions, simples ou absolues, *juris tantum, vel juris et de jure*, comme on disait en latin quelque peu barbare ? Et ces présomptions légales n'ont-elles pas pour effet d'affranchir le demandeur du fardeau de la preuve, pour le reporter sur le défendeur ? Celui-ci veut se soustraire à la présomption générale et se placer dans l'exception ; c'est à lui de prouver qu'il y a droit, et alors les rôles changent ; de défendeur, il devient en quelque sorte demandeur: *In exceptione reus fit actor*, adage pour adage.

Maintenant les questions se posent : est-il fort extraordinaire de supposer *a priori*, jusqu'à preuve contraire, que tel accident arrivé dans telle usine est dû à un outillage défectueux, à sa mauvaise installation, à l'insuffisance des moyens protecteurs, au défaut de prévoyance ou de surveillance du chef de l'usine ou de ses représentants ? Une présomption légale instituée dans ce sens, présomption simple bien entendu, *juris tantum*, serait-elle contraire à la raison ou à l'équité ?

Allons plus loin : si la cause de l'accident est restée inconnue, ou s'il résulte d'un cas fortuit, de la force majeure, serait-il contraire à la raison ou à l'équité de le traiter comme un risque industriel inhérent à l'industrie, et à supporter par l'entrepreneur, au même titre que les autres frais généraux?

IV

Si ces questions doivent être résolues par l'affirmative, une réforme de la législation est nécessaire.

Je sais qu'on a essayé d'écarter l'application des articles 1382 et 1383, pour se rattacher à l'article 2000, suivant lequel « le mandant doit indemniser le mandataire des pertes que celui-ci a essuyées à l'occasion de sa gestion, sans imprudence qui lui soit imputable » et l'on a dit : Si le mandant ou commettant est garant de la perte survenue à *l'occasion de la gestion*, l'entrepreneur doit être garant du préjudice éprouvé à *l'occasion du travail*. La garantie, dans l'un comme dans 'autre cas, doit être la règle, sauf, dans les deux cas aussi, l'exception ld'imprudence à prouver par le mandant ou l'entrepreneur. N'y a-t-il pas d'ailleurs une analogie sensible entre les deux contrats, entre le mandat salarié et le louage de services ? Qu'est-ce qu'un mandataire salarié, sinon un locateur de services ?

La cour d'appel de Chambéry, par un arrêt récent (1), semble avoir donné raison à cette théorie en assimilant un employé de chemin de fer, un chef d'équipe, à un mandataire salarié, et en prononçant contre la Compagnie une condamnation à des dommages-intérêts basée sur l'article 2000 du code civil. Cet employé avait été blessé par un oyageur qu'il voulait empêcher de descendre du côté de l'entrevoie, et la cour a déclaré que l'employé remplissait à cette occasion un andat spécial de surveillance ayant droit à toutes les garanties attribuées par la loi au mandat.

A supposer la théorie exacte dans l'espèce, il serait difficile de la généraliser, et de toujours rencontrer un mandat accidentel dans l'exécution d'un contrat de louage de services. La distinction entre les deux contrats sera sans doute souvent difficile, car les auteurs sont en désaccord sur les signes distinctifs ; mais les tribunaux sauront trouver la séparation, et selon toute vraisemblance, les espèces seront rares où il leur sera possible d'appliquer la doctrine admise par la cour de Chambéry.

Une réforme législative, je le répète, est donc nécessaire.

V

Mais, avant même d'entrer en matière, une objection nous est faite ; c'est comme on dit au Palais une sorte de fin de non-recevoir. Pourquoi une loi nouvelle abrogeant des règles anciennes, consacrées par la sagesse des siècles ? Le monde s'est-il donc trompé jusqu'ici ? qui vous autorise à créer cette nouvelle présomption légale ? Pourquoi cette ingérence nouvelle dans les relations du capital et du travail ? que les astronomes découvrent encore des planètes dans le

---

(1) Journal *le Droit*, n° du 17 juin 1880.

domaine infini des nébuleuses, soit! mais il n'y a plus rien à glaner dans le champ très limité, très éclairé, de nos explorations juridiques.

Je réponds que ce sont les faits nouveaux qui appellent les lois nouvelles. Si les juristes, absorbés dans leurs études, ne les aperçoivent pas, les législateurs, placés plus haut, seraient inexcusables de ne pas les voir, de fermer les yeux devant ces grands phénomènes qui se sont manifestés depuis un siècle sous la forme de révolutions politiques, sociales ou économiques.

N'est-ce donc rien que l'abolition des corporations par notre première Révolution! Croit-on que la liberté du travail, succédant tout à coup au monopole, ait été sans influence sur la condition sociale des ouvriers! Qu'allaient-ils devenir au milieu des luttes ardentes que la concurrence devait susciter entre les chefs d'industrie, seuls possesseurs de l'instrument de travail? Le bon marché des produits n'allait-il pas s'obtenir au détriment du salaire, et comment le salarié résisterait-il, étant condamné à l'isolement, c'est-à-dire à l'impuissance par la loi qui punissait les coalitions? La loi plus dure encore, le marque d'une infériorité morale, en ordonnant que le maître soit cru sur parole s'il s'élève un désaccord entre eux sur la dette du salaire (1).

Sous le régime corporatif, le compagnon vivait souvent au foyer du maître, il était comme membre de la famille et y trouvait une certaine protection; si l'avenir était fermé, le présent était presque assuré, mais dans ce rude apprentissage de la liberté qui commence pour l'ouvrier, l'indépendance sera chèrement payée.

La transition fut, il est vrai, peu sensible, et demeura presque inaperçue pendant les longues guerres de la République et de l'Empire; mais sous la Restauration, sous le gouvernement de juillet, l'application de la vapeur amena la création des grands ateliers mécaniques où les ouvriers sont réunis par centaines, par milliers, soumis à des règlements sévères, comme le soldat à la discipline militaire, gouvernés, au lieu du patron, par une société anonyme, être impersonnel, sans entrailles humaines, et visant surtout au rendement du capital employé; c'est alors qu'on entendit les ouvriers pousser plus d'une fois le cri de détresse, se révolter contre les machines et les briser, organiser des grèves, s'insurger contre les pouvoirs publics. Vaines tentatives, toujours réprimées et qui devaient l'être,

---

(1) Article 1781 du Code civil, abrogé par la loi du 2 août 1868.

mais qui accusaient le malaise social aggravé par l'avénement des machines.

Ce malaise ne saurait être nié, et rien n'en prouve mieux la réalité que les efforts généreux tentés pour l'atténuer. Ce serait être injuste envers notre temps que de méconnaître les améliorations obtenues, les œuvres de philanthropie intelligente réalisées par beaucoup de chefs d'industrie. Mais une dernière œuvre reste à accomplir, c'est une protection plus efficace de l'ouvrier contre les dangers de l'emploi des machines.

La nécessité de cette protection résulte des changements survenus dans la condition de l'ouvrier, changements moraux par la disparition du lien corporatif et du patronat, changements matériels par l'emploi des machines dangereuses.

En résumé, protection diminuée, dangers augmentés. N'est-ce point assez pour justifier la pensée d'une réforme !

Voyons si les moyens proposés se concilient avec les données de la science juridique, avec les enseignements de l'économie politique ou de la philosophie sociale.

VI

Aux jurisconsultes d'abord, je dis que les articles 1382 et 1383 sont pour eux une base bien fragile de résistance, car ces textes sont placés dans le Code sous la rubrique : *Des engagements qui se forment sans convention*, et nous sommes ici en présence d'un contrat, le contrat de louage de services.

Les articles en question régissent le quasi-délit, lequel dérive exclusivement d'un fait. Exemple : un passant, dans la rue, reçoit sur le corps un échafaudage mal attaché et qui le blesse; l'entrepreneur est coupable et doit l'indemniser.

Mais un ouvrier se trouve sur cet échafaudage et tombe avec lui; il est blessé dans l'exercice du travail qui lui avait été confié, c'est-à-dire pendant l'exécution même du contrat qui le liait à l'entrepreneur.

Qu'est-ce que ce contrat? Une convention de nature spéciale, la seule qui ait pour objet la personne humaine, aliénant temporairement sa liberté, pour accepter la subordination d'un autre. Dans ce contrat, il y a légalement en présence un serviteur et un maître; les mots ne sauraient tromper et c'est la loi elle-même qui s'en sert : un locateur de *services* n'est-il pas un serviteur, non sans doute un serviteur domestique, mais un serviteur industriel? Et le texte n'a-t-il pas nommé *maître* celui qui va user de ces services? (1) Le Code impérial, cédant aisément à cette réminiscence du servage, ne ménageait pas les termes. Les mœurs, plus douces que la loi, avaient d'abord transformé le maître en patron ; mais peu à peu, avec la multiplication des sociétés anonymes, le patron est devenu l'employeur et ce néologisme, qui nous vient d'Angleterre, paraît s'acclimater chez nous.

Quel qu'il soit, maître, patron ou employeur, celui qui loue l'industrie d'un autre est évidemment son supérieur. Il y a, je viens de le dire, subordination nécessaire de celui-ci à celui-là. Or, subordination implique protection, de même que protection implique garantie, et par cette suite de déductions, nous arrivons à reconnaître, que si l'action en indemnité de l'employé blessé dérive immédiatement du fait de l'accident, elle prend sa source dans le contrat lui-même ; le fait a donné ouverture à l'action, dont le germe était dans le contrat. L'action est donc née plutôt *ex contractu,* que *ex facto.*

Quoi de plus juste que cette protection envers celui qui ne saurait se protéger lui-même ! Voyez-vous un ouvrier, embauché dans une usine, se mettant à inspecter le mécanisme, signalant tel vice, tel danger, exigeant telle précaution avant d'entrer en travail ! L'hypothèse est ridicule sans doute, mais cela n'empêchera pas tel juriste, à cheval sur le code, de déclarer gravement que le contrat a été accepté librement et avec tous ses risques.

Ce devoir de protection est aujourd'hui reconnu par la jurisprudence elle-même. Écoutez cet arrêt rendu par la cour d'appel de Caen le 17 mars 1880 : « Les patrons sont tenus de prendre dans leurs usines toutes les précautions possibles pour préserver les ouvriers qu'ils emploient de tout accident, et même de les prémunir contre les effets de leur imprudence (2). »

La jurisprudence n'a pas osé jusqu'ici aller plus loin, et du principe de protection déduire l'obligation de garantie. Elle a craint, en l'absence d'un texte qui l'y autorise, de violer la règle qui met la preuve à la charge du demandeur.

C'est cette lacune du texte que la loi nouvelle doit faire disparaître.

---

(1) Ancien article 1781, déjà cité, abrogé par la loi du 2 août 1858.

(2) *Revue du droit commercial,* 1880, p. 276. L'annotateur de cet arrêt déclare, comme nous, qu'il voudrait voir la loi rendre le patron responsable de l'accident, jusqu'à preuve contraire.

Oui, c'est une lacune et quoiqu'elle se soit surtout révélée depuis, le Code civil reste inexcusable de ne pas s'être expliqué sur les conséquences qu'il entendait attacher au contrat de louage de services; sur ce contrat, qui intéresse les personnes, il a été d'un laconisme bien sec; deux articles seulement : l'un qui daigne protéger l'homme contre lui-même en lui défendant de s'engager à vie (art. 1780) et l'autre qui faisait l'injure au serviteur de préférer à sa parole celle du maître et qui a dû être abrogé depuis (art. 1781).

Dans les contrats de choses cependant, le Code s'est montré moins réservé, ou plus prévoyant. Dans tous nous trouvons cette clause de garantie qui manque dans le louage des personnes : le vendeur est garant de la chose vendue en cas d'éviction (art. 1626); le locataire, de la maison qu'il habite, en cas d'incendie (art. 1733 et 1734); le voiturier, du colis disparu (art. 1784); le mandant, de la perte subie par le mandataire (art. 2000).

Je sais la raison qui en est donnée par les auteurs, particulièrement pour le louage des choses, d'industrie et le dépôt; c'est que celui qui les a reçus à ce titre, en est en quelque sorte débiteur et doit être tenu de les rendre, à moins qu'il ne prouve qu'elles ont été perdues par force majeure. J'admets cette raison, mais en la complétant ou l'expliquant ainsi : le débiteur de la chose est tenu de la rendre, parce qu'il est tenu de veiller à sa conservation, et s'il est obligé à la rendre, c'est parce qu'il est présumé par la loi avoir manqué à ce devoir de surveillance.

Ces clauses de garantie n'ont donc d'autre base qu'une présomption légale de négligence.

Je pourrais citer bien d'autres présomptions de faute admises par la loi. N'est-ce pas sur de telles présomptions que sont fondées : la responsabilité civile du maître ou commettant, des père et mère, des instituteurs (art. 1384); celle du maître de l'animal, même égaré ou échappé (art. 1385); celle des communes, en cas de pillage insurrectionnel (loi du 10 vendémiaire an IV)? Et dans plusieurs de ces cas la présomption est même absolue; elle n'autorise pas la preuve contraire.

J'ai parlé tout à l'heure de celle qui pèse sur le locataire de l'immeuble incendié. Combien elle est dure et souvent fausse, cette présomption, qui, non seulement atteint tous les locataires indistinctement et solidairement, mais qui limite à trois, bien comptées, les preuves permises au locataire qui prétend s'exonérer ! Quelle énergique protection de la propriété !

Et maintenant me retournant vers le contrat qui m'occupe, n'ai-je

pas le droit de reprocher au législateur du Code, son oubli, son indif-
férence pour la personne, et de demander au législateur d'aujourd'hui
la réparation de cette injustice ! Ce n'est pas une présomption absolue, ni quasi-absolue, que je réclame, mais une présomption simple,
admettant non seulement la preuve contraire, mais encore une sti-
pulation contraire dans le contrat entre l'entrepreneur et l'ouvrier ; la
liberté des conventions qui ne lèsent pas l'ordre public, devant être
en tout et toujours respectée, ce sera à l'ouvrier à se protéger contre
les exigences improbables des entrepreneurs à cet égard.

On a cherché diverses objections :

La preuve contraire réservée au patron sera, dit-on, difficile. Mais
est-elle donc plus facile aujourd'hui pour l'ouvrier ? Etablir, par
experts, qu'un outillage est défectueux, ou, par témoins, qu'une
imprudence a été commise par un préposé, ce sont là des tâches qui
trop souvent échouent. Puis, cet ouvrier mutilé, sur son lit d'hôpital,
n'est-il pas frappé d'impuissance pour la lutte juridique qu'il s'agit
d'entreprendre ? J'ai décrit ailleurs tout ce qu'il y a de douloureux,
de misérable, dans cette impuissance (1) et n'y veux pas revenir.

L'ouvrier, a-t-on dit encore, protégé par la présomption nouvelle,
sera plus insouciant qu'il ne l'est déjà, plus enclin aux glorioles
d'atelier, et qui sait ? un suicide secrètement accompli pourrait
devenir une heureuse spéculation pour la famille. Mais la réponse est
facile : le patron, aujourd'hui, n'est-il pas capable, et souvent coupable
de l'insouciance inverse, d'une insouciance fructueuse, calculée,
spéculant sur l'économie des frais généraux ! Lui, du moins, ne met
comme enjeu que sa bourse, mais l'ouvrier y met sa vie.

Enfin, comment expliquer qu'un patron, acquitté comme innocent
en police correctionnelle, puisse être condamné au civil comme
coupable d'une faute présumée ? mais la contradiction n'est qu'appa-
rente et, même sous la loi actuelle, la jurisprudence nous y a habitués.
Elle reconnaît qu'en l'absence d'un délit, il peut exister un quasi-
délit. D'ailleurs, le plus souvent, n'arriverait-il pas comme aujour-
d'hui, que le patron, acquitté en police correctionnelle, prouverait
aisément au civil que l'accident provient de la faute commise par
l'ouvrier !

Si aucune preuve de faute, imputable à l'un ou à l'autre, n'était
produite, c'est que l'accident serait dû à un cas fortuit, ou à la force
majeure, et alors la responsabilité du patron, ne dérivant plus d'une

---

(1) Journal *le Droit*, n° du 20 mai 1880.

présomption de faute, serait encourue en vertu de la loi économique que déjà j'ai énoncée et sur laquelle il me reste à m'expliquer.

VII

C'est un phénomène bien constaté que les machines tendent à se substituer de plus en plus au travail de l'homme. Il n'est pas étonnant dès lors que les accidents industriels suivent une progression parallèle, conséquemment ascendante, et il y a longtemps déjà que les revendications populaires se sont élevées en faveur des invalides du travail.

On a pu établir des statistiques, dresser des tables d'accidents, comme on a dressé des tables de mortalité pour asseoir le tarif des assurances sur la vie. Il s'en est dégagé une loi générale, constante, inévitable, et qui détermine à l'avance le nombre des victimes. L'accident est devenu, toute proportion gardée, fatal comme la mort.

Dans l'industrie des mines, surveillée par l'État, la statistique, établie pour une période de 18 ans, a révélé que le nombre annuel des accidents était de 8 sur 1000 ouvriers, et que sur ce nombre, les 2/5 occasionnaient des infirmités permanentes.

Les accidents constituent donc pour l'industrie un risque devenu normal, et cela est si vrai que, dans les entreprises de travaux publics, il est passé en usage de prélever 1/10 pour faire face aux accidents de chantier; que, dans ces derniers temps, il s'est formé de nombreuses compagnies d'assurances contre les accidents, et que partout en Europe on vient d'édicter ou l'on va édicter des lois réparatrices.

Comment remédier à ce mal ? Les lois préventives et j'appelle ainsi celles qui ont pour objet de prescrire la bonne tenue des ateliers et de protéger la sécurité des ouvriers, peuvent y aider dans une certaine mesure, mais elles sont insuffisantes.

Devra-t-on recourir au socialisme d'État, comme le second empire a voulu l'essayer chez nous en 1868, comme le tente en ce moment même M. de Bismark, qui renouvelle l'expérience en l'aggravant ? Pour moi, je déclare tout net que je repousse les caisses subventionnées aussi bien que l'assurance obligatoire. Dans cette voie, on ne sait plus où s'arrêter, car elle mène rapidement à l'omnipotence de l'État. Je suis de ceux qui ont foi dans l'énergie individuelle, dans la toute-puissance de la liberté, se réglant, se corrigeant elle-même, guérissant elle-même, plus sûrement que la lance d'Achille, les blessures qu'elle se fait.

L'industrie doit donc aussi se suffire à elle-même ; c'est à elle seule de supporter, sur le produit brut, tous les risques industriels, des personnes comme des choses, au même titre que les autres frais généraux.

Entre les deux éléments qui concourent à l'œuvre de la production, c'est nécessairement sur le capital que doit peser le risque d'accident ; car c'est le capital qui représente l'industrie ; le salaire du travail fait lui-même partie des frais généraux.

Si, avec les jurisconsultes, on veut considérer le salaire comme étant le loyer du travail, ce loyer est évidemment un prix net ; car c'est l'entrepreneur qui doit supporter toutes les charges, impôts, frais et risques.

Si l'on admet, avec les économistes, une sorte d'association entre le capital et le travail, ayant droit chacun à une part des produits obtenus par leur coopération, je dirai encore que la part allouée au travail sous forme de salaire, doit être nette, car c'est une part fixe et à forfait, tandis que celle du capital est aléatoire et comprend tout ce qui reste de bénéfices. Or l'aléa implique à la fois profit et risques.

La part du salaire n'est-elle pas irréductible ! S'il n'est autre chose, comme l'ont défini certains économistes, que ce qui est rigoureusement nécessaire à l'ouvrier pour vivre, c'est-à-dire pour ne pas mourir de faim, comment lui faire subir un prélèvement ! Il est vrai que des progrès ont été accomplis, des hausses obtenues par le moyen de coalitions, aujourd'hui permises ; et peut-être trouvera-t-on souvent des solutions amiables du problème ; les syndicats professionnels qui vont être autorisés par la loi pourront débattre librement toutes les conditions du travail, sur le taux du salaire, sur sa fixité, sur la participation aux bénéfices, sur la prime d'assurance contre les risques d'accidents. A défaut de convention contraire, ces risques doivent rester à la charge du capital.

Mais on a dit, et c'est dans le travail de votre honorable rapporteur, mon excellent confrère et ami M. Nusse, que se trouve l'objection : que ce capital, ce travail, ainsi opposés l'un à l'autre, sont deux abstractions pures, une simple antithèse économique et rien autre chose. Or, il s'agit d'un fait concret, d'un fait positif, d'une faute commise, et l'on demande : où est la faute ? Où est l'homme coupable et responsable ?

Cette objection, est ici sans portée. Tout à l'heure, lorsque j'étais sur le terrain juridique, j'ai signalé la faute et le coupable, au moyen de la présomption légale dont j'ai demandé la création, Mais dans l'ordre d'idées où je suis en ce moment, je n'ai plus à invoquer une faute personnelle, imputable à quelqu'un; il ne s'agit plus que d'une charge de l'exploitation, à subir par l'industrie en vertu de la loi économique qui préside à la répartition des bénéfices de la production entre les deux éléments qui la créent. Et c'est cette loi qui laisse à la charge du capital, ou de celui qui le possède, les accidents provenant même de cas fortuits, de force majeure, ou de causes inconnues.

Lorsque je parle de force majeure, je ne comprends pas, bien entendu, celle qui serait due à des causes extrinsèques, comme le feu du ciel, une trombe, un tremblement de terre, qui blesseraient ou tueraient des ouvriers pendant le travail, mais seulement celle qui dérive des instruments mêmes du travail, comme l'indique la formule législative que je propose.

VIII

Il me reste à appeler votre attention sur un dernier point, sur la procédure, qu'il faut de toute nécessité simplifier et abréger; la procédure ordinaire a des lenteurs et des formes dont s'accommodent plus ou moins les affaires ordinaires ; mais appliquée aux malheureuses victimes des accidents industriels, elle produit des effets lamentables. J'ai décrit ailleurs (1) toutes les péripéties douloureuses du drame judiciaire qui s'engage, et devant cet auditoire il serait bien superflu d'y insister.

Je propose donc de soumettre les actions en indemnité à la juridiction du conseil des prud'hommes, juges naturels des litiges entre patrons et ouvriers, et s'il n'y en a pas dans le lieu, à celle des juges de paix dont la compétence doit être augmentée suivant le projet de loi récemment présenté par le gouvernement.

Ce changement de juridiction ne serait d'ailleurs qu'une conséquence logique et juridique de la modification apportée au fond du droit. Tant que l'action est fondée sur un quasi-délit, comme aujourd'hui, ce sont les tribunaux ordinaires qui doivent en connaître; mais du moment où elle aurait sa base dans la garantie légale due au locateur de services, en vertu du contrat passé avec l'entrepreneur, la compétence doit revenir aux tribunaux chargés de

____

(1) Journal le Droit, n° déjà cité du 20 mai 1880.

statuer sur les différends entre « les gens de travail », selon les termes mêmes de la loi, et ceux qui les emploient.

Toutefois, par dérogation au système actuel, je demande que l'appel soit toujours porté devant la cour; il est illogique de constituer les tribunaux de commerce, composés de patrons, juges d'appel des sentences du conseil des prud'hommes, composé à la fois de patrons et d'ouvriers. Les tribunaux civils pourraient sans doute être laissés juges d'appel des sentences des juges de paix, mais il y a une raison d'uniformité qui doit les faire déposséder en faveur des cours d'appel.

Voici, pour mieux préciser ma pensée, les formules législatives que je propose, tant sur le fond que sur la forme, et qui, si elles étaient adoptées par les pouvoirs publics, prendraient place dans le code civil, au chapitre du *Louage d'ouvrage et d'industrie* à la suite de l'article 1780.

« Celui qui emploie les services d'un autre, lui doit garantie des accidents *résultant du travail*, à moins qu'il ne prouve que les accidents sont dus à la faute de la victime.

Les demandes en indemnité sont portées : en première instance devant le conseil des prud'hommes, et s'il n'y en a pas, devant le juge de paix; en appel, devant la Cour qui statue comme en matière sommaire. »

PARIS. — IMPRIMERIE CHAIX, RUE BERGÈRE, 20, PRÈS DU BOULEVARD MONTMARTRE. — 13494-1.

PARIS. — IMPRIMERIE CHAIX, RUE BERGÈRE, 20, PRÈS DU BOULEVARD MONTMARTRE. — 14326-1